如果你不能远行,
我们把敦煌带回给你。

DUNHUANG MURALS
Manual Ledger

策划 华语·四方
文 季羡林

敦煌手账

北京联合出版公司

反弹琵琶

《反弹琵琶》出自中唐时期敦煌壁画《伎乐图》，是莫高窟第一一二窟《西方净土变》的一部分。作为敦煌莫高窟中最具特点的画面，其艺术表现手法可谓代表了整个敦煌艺术的最高绘画水准。尤其是它的绘画色彩和舞蹈动作，带有明显的西域少数民族的特点，是盛唐时期对外交往的友好见证。

整个敦煌壁画中，琵琶作为乐器出现达 600 余次，仅手持琵琶、边舞边弹的画面就有数十幅。他们的舞姿多姿多彩，分别有怀抱竖弹、挥臂横弹、昂首斜弹、倾身倒弹、背后反弹等等。特别是背后反弹，难度系数非常高。在颇负盛名的《伎乐图》中，就有一位天国舞伎反弹琵琶的画面。只见她头束高髻，颈挂佩饰，上身仅着璎珞，下着长裤。双目微垂，神态悠然，琵琶置于脑后，双臂于斜上方反握而弹，左胯重心向后，右足拇趾翘起，应节而动，矫若游龙，翩若惊鸿。举手投足间，项饰臂钏丁零作响，别有清韵。且不说她"反弹琵琶"的绝技引人瞩目，单就姿态雍容而言，体形腴而不妖已尽显唐代仕女之风流。

于艺术造诣而言,《反弹琵琶》人物造型丰腴饱满,线条写实明快,流畅自然,天衣裙裾如游龙惊凤,摇曳生姿,不仅将伎乐天女的纤纤神韵展现得淋漓尽致,也让唐代佛教绘画民族化的特点一览无余。作为敦煌艺术中最优美的人物形象,它的敷彩也不落俗套,以石绿、赭黄、铅白为主,使得整个画面更显典雅、妩媚,令人赏心悦目。

不管是反映生活,还是绘画技法,《反弹琵琶》所取得的成就都是引人注目的,是敦煌壁画中当之无愧的杰出代表。

在敦煌

季羡林

刚看过新疆各地的许多千佛洞,在驱车前往敦煌莫高窟千佛洞的路上,我心里就不禁比较起来:在那里,一走出一个村镇或城市,就是戈壁千里,寸草不生;在这里,一离开柳园,也是平野百里,禾稼不长;然而却点缀着一些骆驼刺之类的沙漠植物,在一片黄沙中绿油油地充满了生意,看上去让人不感到那么荒凉、寂寞。

我们就是走过了数百里这样的平野,最终看到一片葱郁的绿树,隐约出现在天际,后面是一列不太高的山冈,像是一幅中国水墨山水画。我暗自猜想:敦煌大概是来到了。

果然是敦煌到了。我对敦煌真可以说是"久仰大名,如雷贯耳"了。我在书里读到过敦煌,我听人谈到过敦煌,我也看过不知多少敦煌的绘画和照片。几十年梦寐以求的东西如今一下子看在眼里,印在心中,"相见翻疑梦",我似乎有点怀疑,这是否是事实了。

敦煌毕竟是真实的。它的样子同我过去看过的照片差不多,这些我都是很熟悉的。此处并没有崇山峻岭,幽篁修竹,有的只不过是几个人合抱不过来的千岁老榆,高高耸入云天的白杨,金碧辉煌的牌楼,开着黄花、红花的花丛。

放在别的地方,这一切也许毫无动人之处;然而放在这里,给人的印象却是沙漠中的一个绿洲,戈壁滩上的一颗明珠,一片淡黄中的一点浓绿,一个不折不扣的世外桃源。

至于千佛洞本身,那真是琳琅满目,美不胜收,五光十色,云蒸霞蔚。无论用多么繁缛华丽的语言文字,不管这样的语言文字有多少,也是无法描绘,无法形容的。这里用得上一句老话了:"只能意会,不能言传。"

洞子共有四百多个,大的大到像一座宫殿,小的小到像一个佛龛。几乎每一个洞子里都画着千佛的像。洞子不论大小,墙壁不论宽窄,无不满满地画上了壁画。艺术家好像决不吝惜自己的精力和颜料,决不吝惜自己的光阴和生命,把墙壁上的每一点空间,每一寸空隙,都填得满满的,多小的地方,他们也决不放过。他们前后共画了一千年,不知流出了多少汗水,不知耗费了多少心血,才给我们留下了这些动人心魄的艺术瑰宝。有的壁画,就暴露在光天化日之下,经过了一千年的风吹、雨打、日晒、沙浸,但彩色却浓郁如新,鲜艳如初。

想到我们先人的这些业绩，我们后人感到无比地兴奋、震惊、感激、敬佩，这难道不是很自然的吗？

我们走进了洞子，就仿佛走进了久已逝去的古代世界，甚至古代的异域世界；仿佛走进了神话的世界，童话的世界。尽管洞内洞外一点声音都没有，但是看到那些大大小小的雕塑，特别是看到墙上的壁画：人物是那样繁多，场面是那样富丽，颜色是那样鲜艳，技巧是那样纯熟，我们内心里就不禁感到热闹起来。

我们仿佛亲眼看到释迦牟尼从兜率天上骑着六牙白象下降人寰，九龙吐水为他洗浴，一下生就走了七步，口中大声宣称："天上天下，唯我独尊。"我们仿佛看到他读书、习艺。他力大无穷，竟把一只大象抛上天空，坠下时把土地砸了一个大坑。我们仿佛看到他射箭，连穿七个箭靶。我们仿佛看到他结婚，看到他出游，在城门外遇到老人、病人、死人与和尚，看到他夜半乘马逾城逃走，看到他剃发出家。

我们仿佛看到他修苦行，不吃东西，修了六年，把眼睛修得深如古井。我们又仿佛看到他幡然改变主意，毅然放弃了苦行，吃了农女献上的粥，又恢复了精力，走向菩提树下，同恶魔波旬搏斗，终于成了佛。成佛后到处游行，归示，度子，年届八旬，在双林涅槃。

使我们最感兴趣、给我们印象最深的是那许许多多的涅槃的画。释迦牟尼已经逝世,闭着眼睛,右胁向下躺在那里。他身后站着许多和尚和俗人。前排的人已经得了道,对生死漠然置之,脸上毫无表情站在那里。后排的人,不管是国王、各族人民,还是和尚、尼姑,因为道行不高,尘欲未去,参不透生死之道,都号啕大哭,有的捶胸,有的打头,有的击掌,有的顿足,有的撕发,有的裂衣,有的甚至昏倒在地。

我们真仿佛听到哭声震天,看到泪水流地,内心里不禁感到震动。最有趣的是外道六师,他们看到主要敌手已死,高兴得弹琴、奏乐、手舞、足蹈。在盈尺或盈丈的墙壁上,宛然一幅人生哀乐图。这样的宗教画,实际上是人世社会的真实描绘。把千载前的社会现实,栩栩如生地搬到我们今天的眼前来。

在很多洞子里,我们又仿佛走进了西方的极乐世界,所谓净土。在这个世界里,阿弥陀佛巍然坐在正中。在他的头上、脚下、身躯的周围画着极乐世界里各种生活享受:有伎乐,有舞蹈,有杂技,有饮馔。好像谁都不用担心生活有什么不足,衣来伸手,饭来张口。

而且这些饮食和衣服,都用不着人工去制作。到处长着如意神树,树枝子上结满了各种美好的饮食和衣着,要什么,有什么,只须一伸手一张口之劳,所有的愿望就都可以满足了。

小孩子们也都兴高采烈,他们快乐得把身躯倒竖起来。到处都是美丽的荷塘和雄伟的殿阁,到处都是快活的游人。这些人同我们这些凡人一样,也过着世俗的生活。他们也结婚。新郎跪在地上,向什么人叩头。新娘却站在那里,羞答答不肯把头抬。许多参加婚礼的客人在大吃大喝。两只鸿雁站在门旁。

我早就读过古代结婚时有所谓"奠雁"的礼节,却想不出是什么情景。今天这情景就摆在我眼前,仿佛我也成了婚礼的参加者了。他们也有老死。老人活过四万八千岁以后,自己就走到预先盖好的坟墓里去。家人都跟在他后面,生离死别。虽然也有人磕头涕哭,但是总起来看,脸上的表情却都是平静的、肃穆的,好像认为这是人生规律,无所用其忧戚与哀悼。所有这一切世俗生活的绘画,当然都是用来宣扬一个主题思想:不管在什么样的生活环境中,只要一心念阿弥陀佛,就可以往生净土,享受天福。

这当然都是幻想,甚至是欺骗。但是艺术家的态度是认真的,他们的技巧是惊人的。他们仔细地描,小心地画,结果把本是虚无缥缈的东西画得像真实的事物一样,生动活泼地、毫不含糊地展现在我们眼前,让我们对于历史得到感性认识,让我们得到奇特美妙的艺术享受。艺术家可能是真正相信这些神话的,但是这对我们是无关紧要的,重要的是他们的画。这些画画得充满了热情,而且都取材于现实生活。

在世界各国的历史上,所有的神仙和神话,不管是多么离奇荒诞,他们的模

特儿总脱离不开人和人生,艺术家通过神仙和神话,让过去的人和人生重现在我们眼前。我们探骊得珠,于愿已足,还有什么可以强求的呢?

最使我吃惊的是一件小事:在这富丽堂皇的极乐世界中,在巍峨雄伟的楼台殿阁里,却忽然出现了一只小小的老鼠,鼓着眼睛,尖着尾巴,用警惕狡诈的目光向四下里搜寻窥视,好像见了人要逃窜的样子。

我很不理解,为什么艺术家偏偏在这个庄严神圣的净土里画上一只老鼠。难道他们认为,即使在净土中,四害也是难免的吗?难道他们有意给这万人向往的净土开上一个小小的玩笑吗?难道他们有意表示即使是净土也不是百分之百的纯洁吗?我们大家都不理解,经过推敲与讨论,仍然是不理解。但是我们都很感兴趣,认为这位艺术家很有勇气,决不因循抄袭,决不搞本本主义,他敢于石破天惊地去创造。我们对他都表示敬意。

在许多洞子里,我们还看到了许多经变,什么法华经变,楞伽经变,金光明经变,如此等等。艺术家把经中的许多章节,不是根据经文,而是根据变文,用绘画的形式表现出来。在这些经变里,《法华经·普门品》似乎是最受欢迎的一品。

普门品说,谁要是一心称观世音菩萨的名,入大火,大火不能烧;入大水,大水不能漂;入海求宝遇到黑风,船飘坠罗刹国,可以解脱罗刹之难;遭迫

害临刑,刑刀段段坏;女子求生男孩,就可以生福德智慧之男;求生女孩,就可以生端正有相之女。总之,威灵显赫,有求必应。画上最多的是临刑刀寸寸断的情景。

这似乎是最能形象地表现观音菩萨的法力的一个题材。但是我们也可以看到许多描绘人民生活和生产的情景。一个农民赶着耕牛去耕地。许多小手工业者坐在那里制作什么东西。人们在家里面安静地宴客。人们在花园中游乐。人们到灞桥去送别亲友,折杨柳为赠。

我曾在不知多少唐诗中读到这情景,今天才第一次在绘画上看到。最有意思的、最耐人寻味的是许多绘画,画的是人们大便的情景,刷牙的情景,据我所知道的,在世界各国任何时代的任何绘画中都难找到这样的绘画。

这好像也成了绘画的禁区。然而我们的艺术家却有勇气冲破这不成文而事实上却存在的禁区,把这种细微并不那么太雅观的情景画给我们看。除了佩服以外,我还能说些什么呢?此外,描绘舞蹈的场面和杂技的场面,也是非常动人的。一个个乐队,一个个乐工,手中执着各种各样的乐器,什么箫、笛、筝、琴、箜篌、排箫、阮咸、琵琶,还有尺八,神情是这样逼真,人物是这样细致,我们耳中仿佛能听到各种乐器和谐的弹奏声,静静的洞子一时喧闹起来。舞蹈的场面也很动人。男女舞人,翩翩起舞,有人甩着长大的袖子,有人动作非常强烈,所谓"胡旋舞"大概就是这个样子吧。

我们看到的虽然不是真正舞蹈,而只是绘画,但是我们也恍然感到"观者如山色沮丧,天地为之久低昂。㸌如羿射九日落,矫如群帝骖龙翔,来如雷霆收震怒,罢如江海凝清光"。

至于杂技,更是动人心魄。一个演员站在那里,头上顶着长竿,竿顶上站着一个人,人头顶上还站着一个小孩子。看那摇摇欲坠的样子,我们不禁为画上的古人担忧起来。然而,不要怕,两旁还站着两个人哩。

他们好像是为了防备万一而站在那里。虽然都戴着纱帽,斯斯文文的,看来好像也蛮有把握,我们可以放心了。前面坐着一些人,这大概就是观众。画面上人数不算多,但看上去却热闹得很。

在古代文化交流中,音乐、舞蹈和杂技,好像是占着突出的地位。在新疆的许多千佛洞中,这样的场面也是随处可见的。

常精进菩萨　榆林窟第一六窟

万里敦煌道，三春雪未晴。送君走马去，遥似踏花行。
度迹迷沙远，临关讶月明。故乡飞雁绝，相送若为情。

明代·王偁
《赋得边城雪送行人胡敬使灵武》

月度计划

周一　　　周二　　　周三

每周计划

第一周

第二周

第三周

第四周

总结

观音经变　莫高窟第七六窟

佛塔林立,梵唱不绝。

大河西注波无穷,千溪万壑皆会同。/元代·耶律楚材《过阴山和人韵》

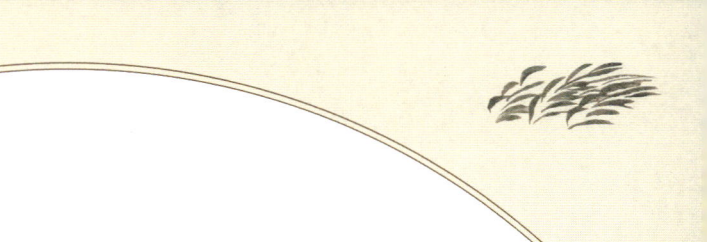

文殊变之天女　榆林窟第三四窟

January

Dunhuang

边城暮雨雁飞低,芦笋初生渐欲齐。
无数铃声遥过碛,应驮白练到安西。

唐代·张籍
《凉州词》

月度计划

周一	周二	周三

周四	周五	周六	周日

每周计划

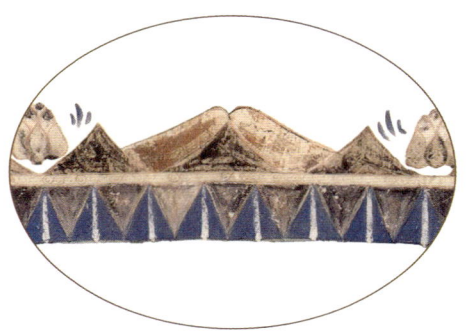

第一周

第二周

第三周

第四周

总结

飞行云中,神化轻举,以为天仙,亦云飞仙。

朱雀　莫高窟第二五〇窟

锦缥细展墨花翻,河东二柳敦煌索。/ 明代·王惟俭《岁暮赠新安吴用卿》

释迦、多宝二佛说法　莫高窟第二八五窟

February

斗鸡图　莫高窟第二五〇窟

Dunhuang

秦中花鸟已应阑,塞外风沙犹自寒。
夜听胡笳折杨柳,教人意气忆长安。

唐代·王翰
《凉州词二首·其二》

月 度 计 划

周一　　　周二　　　周三

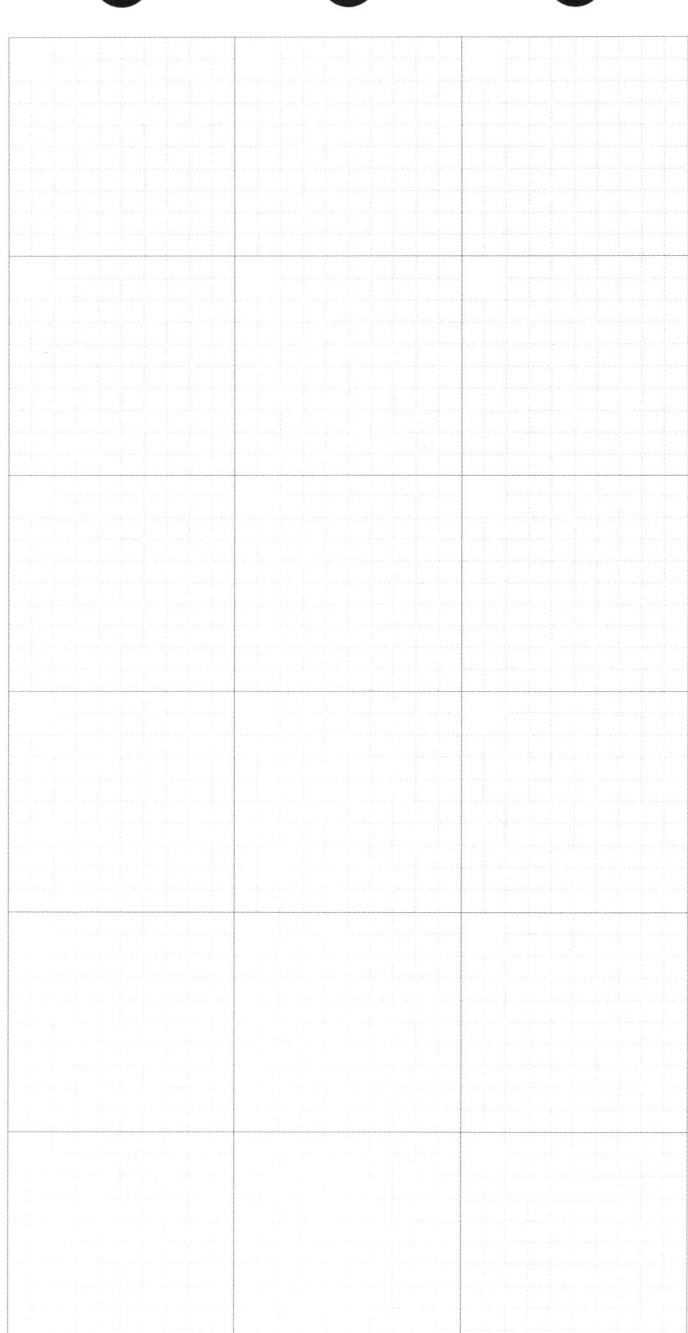

周四	周五	周六	周日

每周计划

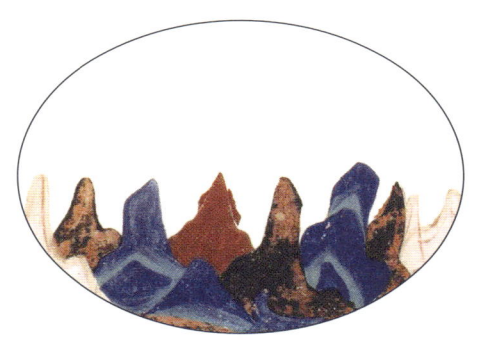

第一周

第二周

第三周

第四周

总结

荒城孤驿梦千里，远水斜阳天四垂。

/ 南宋·陆游《题阳关图》

五百强盗成佛因缘 莫高窟第二八五窟

坐看今夜关山月,思杀边城游侠儿。

/唐代·孟浩然《凉州词》

March

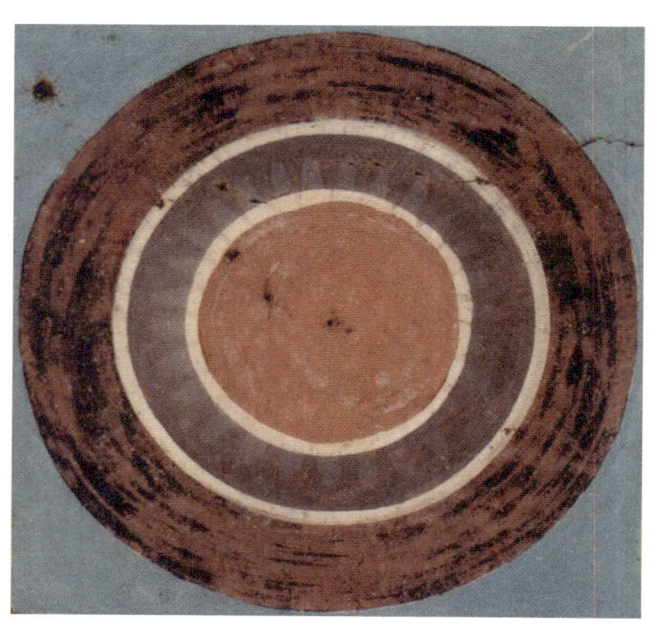

艺术家通过神仙和神话，让过去的人和人生重现在我们眼前。
我们探骊得珠，于愿已足，还有什么可以强求的呢？

季羡林
《在敦煌》

周一	周二	周三

月度计划

周四	周五	周六	周日

每周计划

第一周

第二周

第三周

第四周

总结

思益梵天所问经变之舞乐　莫高窟第九八窟

观无量寿经变之舞蹈　榆林窟第二五窟

艺术是生活最敏感的显影屏。/ 冯骥才《关于敦煌样式:为纪念藏经洞发现百年而作》

April

Dunhuang

暮云收尽溢清寒,银汉无声转玉盘。
此生此夜不长好,明月明年何处看。

宋代·苏轼
《阳关曲·中秋月》

周一	周二	周三

月度计划

每周计划

第一周

第二周

第三周

第四周

总结

看莫高窟,不是看死了一千年的标本,而是看活了一千年的生命。　　/余秋雨《莫高窟》

远离城镇,远离乡村,莫高窟周围平静得出奇。/ 段文杰《敦煌之梦》

玉门山嶂几千重,山北山南总是烽。

/唐代·王昌龄《从军行》

May

Dunhuang

琵琶起舞换新声，总是关山旧别情。
撩乱边愁听不尽，高高秋月照长城。

唐代·王昌龄
《从军行》

月度计划

周一	周二	周三

每周计划

第一周

第二周

第三周

第四周

总结

弥勒经变 莫高窟三六〇窟

听故事,学艺术,探历史,寻文化,都未尝不可。/余秋雨《莫高窟》

June

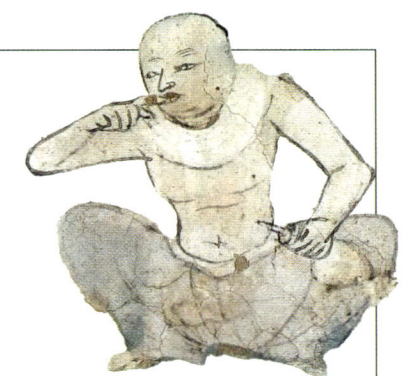

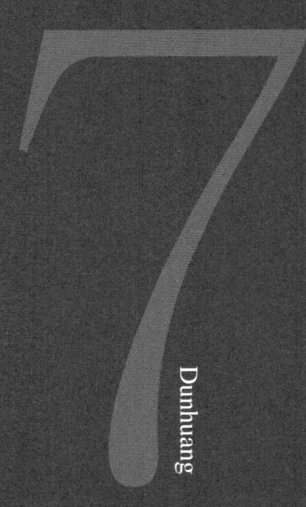

7

Dunhuang

角声吹彻梅花，胡云遥接秦霞。白雁西风紫塞，皂雕落日黄沙。
汉使牧羊旄节，阏氏上马琵琶。梦里身回云阙，觉来泪满天涯。

明代·杨慎
《敦煌乐》

	周一	周二	周三
月度计划			

周四	周五	周六	周日

每周计划

第一周

第二周

第三周

第四周

总结

山高四更才吐月,八月山峰半埋雪。/元代·耶律楚材《过阴山和人韵》

力士与摩尼宝珠（局部） 莫高窟第二八五窟

石头无语，文字含情。/ 冯骥才《关于敦煌样式：为纪念藏经洞发现百年而作》

在敦煌,夏天是一年中最美好的季节。/ 常书鸿《夏天的敦煌》

July

Dunhuang

葡萄美酒夜光杯,欲饮琵琶马上催。
醉卧沙场君莫笑,古来征战几人回?

唐代·王翰
《凉州词》

月度计划

	周一	周二	周三

每周计划

第一周

第二周

第三周

第四周

总结

唯有凉州歌舞曲,流传天下乐闲人。
/唐代·杜牧《河湟》

_____

_____

_____

August

持幡飞天（局部） 莫高窟第三二二窟

9

Dunhuang

关外垂杨早换秋,行人落日旆悠悠。
陇山高处愁西望,只有黄河入海流。

明代·高启
《凉州词》

周一　　　周二　　　周三

月度计划

每周计划

第一周

第二周

第三周

第四周

总结

弥勒经变　莫高窟第二〇二窟

_____

_____

_____

飞天藻井　莫高窟第三二九窟

辞青海湖,过西宁,再返张掖,宿酒泉,登嘉峪关,抵敦煌。/ 赵振开《远行》

September

10

Dunhuang

素手把芙蓉,虚步蹑太清。
霓裳曳广带,飘拂升天行。

唐代 · 李白
《古风 · 其十九》

月度计划

周一　　　　周二　　　　周三

周四	周五	周六	周日

每周计划

第一周

第二周

第三周

第四周

总结

普贤变相（局部）　榆林第三窟

_____

_____

_____

长风几万里,吹度玉门关。/唐代·李白《关山月》

_____
_____
_____

October

11 Dunhuang

渭城朝雨浥轻尘，客舍青青柳色新。
劝君更尽一杯酒，西出阳关无故人。

唐代·王维
《送元二使安西》

月度计划

周一	周二	周三

周四	周五	周六	周日

每周计划

第一周

第二周

第三周

第四周

总结

河西走廊南面有一座长长的山脉叫祁连山，
山上还有些草原和森林，长着松柏之类的乔木。
/ 段文杰《敦煌之梦》

普贤变　榆林第二五窟

文殊变 榆林第二五窟

November

垆头酒熟葡萄香,马足春风苜蓿长。
醉听古来横吹笛,雄心一片在西凉。

明代·张恒
《凉州词》

月 度 计 划

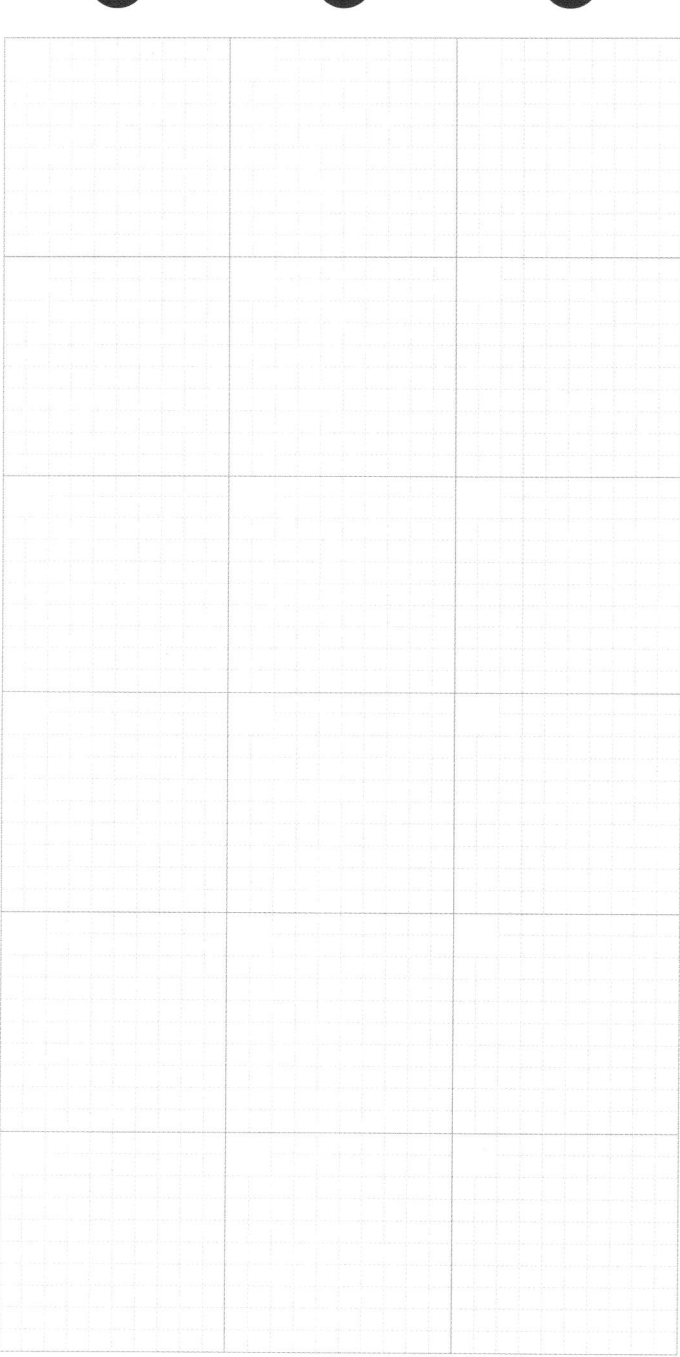

周一　　周二　　周三

周四	周五	周六	周日

每周计划

第一周

第二周

第三周

第四周

总结

敦煌此地,
即便是从一株野草闲花、一种看似寻常的植物入手,
其蕴含也是如此丰富,如此充满历史况味。

/阿来《一团美玉似的敦煌》

December

图书在版编目（CIP）数据

敦煌手账 / 季羡林文. -- 北京：北京联合出版公司, 2023.11
ISBN 978-7-5596-7233-9

Ⅰ.①敦… Ⅱ.①季… Ⅲ.①敦煌学 – 艺术 – 画册 Ⅳ.①K870.6-64

中国国家版本馆CIP数据核字(2023)第183907号

敦煌手账

作　　者：季羡林
出 品 人：赵红仕
责任编辑：李　伟
装帧设计：裴雷思

北京联合出版公司出版
（北京市西城区德外大街83号楼9层　100088）
北京时代华语国际传媒股份有限公司发行
北京中科印刷有限公司印刷　新华书店经销
字数101千字　880毫米×1230毫米　1/32　8印张
2023年11月第1版　2023年11月第1次印刷
ISBN 978-7-5596-7233-9
定价：68.00元

版权所有，侵权必究

未经书面许可，不得以任何方式转载、复制、翻印本书部分或全部内容。
本书若有质量问题，请与本公司图书销售中心联系调换。电话：010-63783806